M. DE MALGLAIVE

Ancien Capitaine d'Etat-Major

MARENGO

(ALGER)

En 1848

UN DIRECTEUR DE COLONIE AGRICOLE

Le Capitaine de Malglaive (du Génie)

VERSAILLES

IMPRIMERIE AUBERT

6, avenue de Sceaux.

—

1909

MARENGO

(ALGER)

En 1848

M. DE MALGLAIVE

Ancien Capitaine d'Etat-Major

MARENGO

(ALGER)

En 1848

UN DIRECTEUR DE COLONIE AGRICOLE

Le Capitaine de Malglaive (du Génie)

VERSAILLES

IMPRIMERIE AUBERT

6, avenue de Sceaux.

—

1909

AVANT-PROPOS

Amené à mettre en ordre de vieux papiers de famille, j'ai retrouvé des correspondances et des documents relatifs à la création du village de Marengo, en 1848, et aux travaux d'utilité publique exécutés à cette époque, par l'armée, dans l'ouest de la Métidja. J'ai pensé à les résumer en une note pour l'instruction de mes enfants, petits-fils du fondateur de cette colonie.

Mais peut-être que ces souvenirs, vieux de plus d'un demi-siècle, intéresseront quelque chercheur des choses de l'Algérie du début, désireux d'avoir une esquisse de ce qui s'y passait au moment où la guerre à grands coups de fusil allait finir et où la conquête à grands coups. de pioche allait commencer. Peut-être aussi quelque fils de colon de 1848 les lira-t-il avec curiosité, en y trouvant le pourquoi et le comment de ce qui lui paraît maintenant ou tout naturel, ou inexplicable. Dans tous les cas, il comprendra mieux la ténacité et le courage de cette seconde couche de colons si peu préparés à la rude tâche qu'ils avaient acceptée sans la connaître, enlevés brusquement au milieu de Paris et transplantés dans un pays nouveau, inculte, où tout était à créer, au milieu d'une population hostile, frémissante, à peine soumise, les fameux Hadjoutes; campés dans une redoute sur un bout de terre solide, entre des marais pestilentiels et des broussailles presque impénétrables, où les lions et les panthères venaient rugir chaque nuit, où on leur montrait, de loin, les lots de culture qui leur avaient été promis et qu'ils auraient à défricher à la sueur de leur front.

Peut-être enfin quelque survivant de la vieille armée d'Afrique verra-t-il avec joie rappeler les travaux, souvent ignorés, par lesquels nos régiments assuraient la durée de la conquête, tâche moins brillante que les combats, qui n'a pas eu comme eux des chroniqueurs pour en faire un récit éloquent. Nos troupiers ne songeaient pas toujours à perpétuer le souvenir de ces labeurs en en gravant le récit sur la pierre, comme l'avaient fait leurs aînés des Légions romaines. N'est-il pas juste d'essayer de l'empêcher de tomber dans l'oubli.

C'est ce qui m'a engagé à publier ces notes, sans aucune prétention littéraire, telles que je les ai réunies en feuilletant des dossiers.

M. DE MALGLAIVE,

Ancien Capitaine d'Etat-Major.

MARENGO

(ALGER)

En 1848

UN DIRECTEUR DE COLONIE AGRICOLE

Le Capitaine de Malglaive (du Génie)

Nomination au Service de Colonisation.

Au début de l'année 1848, le capitaine Victor de Malglaive était chargé d'organiser et de construire les ouvrages de défense de la rade et des îles d'Hyères, près de Toulon. Après la Révolution de Février, le Ministre de la Guerre prescrivit de faire passer dans tous les corps de troupe une feuille d'adhésion au Gouvernement provisoire, avec invitation pressante à chaque officier de la signer. Le capitaine de Malglaive, jugeant que le Gouvernement provisoire, issu d'un coup de force, n'avait aucun droit à exiger une semblable promesse de fidélité, et que son devoir était, uniquement, de faire appel au peuple le plus promptement possible, afin que celui-ci décidât la forme de gouvernement qu'il entendait avoir, refusa de signer la circulaire sans y consigner, en même temps, ses réserves par écrit. Quelques semaines après, il était envoyé en disgrâce à Sarreguemines. Il se rendait à son nouveau poste, lorsqu'en route il apprit qu'il était mis à la disposition du Gouverneur général de l'Algérie, pour être employé à la création des Colonies agricoles destinées à recevoir les ouvriers parisiens que le manque de travail, la misère qui en résultait, et un peu les belles promesses du Gouvernement, avaient décidé à émigrer en Algérie, où on leur assurait des maisons, un petit cheptel et des concessions de terres donnés gratuitement. De plus, pendant deux ans, la ration du soldat pour attendre la première récolte de leur concession.

Assiette du Village.

Arrivé fin octobre 1848 sur l'emplacement désigné par une Commission centrale pour l'installation des émigrants et la création du village, le capitaine de Malglaive trouve, bivouaquant et l'attendant, un détachement du génie et quelques compagnies d'infanterie destinés à établir le camp des émigrants et à exécuter les premiers travaux. Il reconnaît immédiatement que le point choisi, entre le village actuel et l'O. Meurad, sur la pente à l'ouest vers la rivière, est peu favorable, trop près du cours d'eau et des marais qui couvraient alors toute la plaine de Slimane, vers Cherchell ; il devait être des plus malsains. Pressé par le temps, car l'arrivée des colons était annoncée, craignant les lenteurs d'une discussion par correspondance, car il n'y avait pas de routes, et les courriers étaient portés par des cavaliers, si, formulant des objections, il demandait l'autorisation de changer d'emplacement, il commence les travaux, de sa propre initiative, sur le point qu'il juge le meilleur, et pose le tracé du futur centre à cheval sur une large croupe, à 500 mètres à l'est du point choisi par la Commission, à une altitude supérieure de plusieurs mètres, avec des pentes permettant l'écoulement des eaux dans trois directions et léchées par le vent, de quelque côté qu'il soufflât.

Il fut mis aux arrêts, officiellement, pour n'avoir pas suivi les instructions données, mais félicité amicalement et officieusement pour le choix qu'il avait fait d'un emplacement plus salubre.

Le village avait été prévu pour 150 feux. A peine les fosssés de la redoute qui devait l'entourer et le défendre sont-ils creusés, le pique-tage du tracé des rues terminé, qu'ordre est donné de le réduire à 100 feux. Pour ne pas perdre un temps précieux à refaire un nouveau tracé et à creuser de nouveaux remparts, le directeur supprime simplement les îlots de maisons du centre, en laissant subsister tout le reste. Il crée ainsi un vide qui fournit la grande place, objet pendant longtemps des critiques des voyageurs, à qui elle paraissait un désert, mais où les établissements d'utilité publique trouvent actuellement un emplacement convenable, central, sans dépenses pour la commune.

Alimentation en eau.

Dès les premiers jours, le souci d'avoir de l'eau en quantité suffisante s'imposait à l'attention, et c'est ce souci d'ailleurs qui avait fait désigner l'emplacement primitif du village sur les bords de la rivière. On capte et on aménage une source qui filtrait dans les berges de droite de l'O. Meurad, à quelques centaines de mètres en aval du pont actuel de la route de Cherchell, et on y construit un abreuvoir en pierres qui existe encore, mais qui n'est plus guère utilisé. Ce sera la première eau qui servira aux besoins des ménages et qui sera portée dans des haquets sur les chantiers de maçonnerie. On creuse aussi des puits, notamment au centre de la place, mais la nappe d'eau est profonde, 15 à 20 mètres, et le débit peu abondant. Ce n'est encore qu'une ressource insuffisante, et l'eau manquait toujours pour l'alimentation des animaux et pour les travaux. Pour en assurer en plus grande quantité, le directeur fit ouvrir une conduite qui, partant de l'O. Meurad, rive droite, presque à la limite actuelle du territoire du village de Meurad, amènera les eaux de la rivière en tête de Marengo, à 10 mètres plus haut que les maisons les plus à l'amont. Là, des bassins d'épuration qui fonctionnent encore les retenaient et laissaient déposer les plus grosses impuretés, puis les distribuaient dans les rues. Cette conduite existe encore pour les eaux du barrage depuis le jardin du Moulin. C'est donc un travail qui n'a pas perdu de son utilité en prenant de l'âge.

Barrage-Réservoir.

On avait ainsi de l'eau pendant une grande partie de l'année, mais, à la fin de l'été et jusqu'aux pluies d'hiver, la rivière était à sec et il n'y en avait plus. Or, pendant l'hiver, il tombe une masse d'eau qui glisse inutilement à la mer. Que ne pouvait-on l'arrêter et l'emmagasiner dans les montagnes, pour la laisser couler pendant la saison sèche? Ce fut la première idée du barrage de Marengo.

Cette idée paraît toute simple à l'heure actuelle; mais alors, en 1850, elle était bien près de paraître chimérique. Il y avait bien peu d'ouvrages semblables à étudier comme modèles; d'ailleurs, le besoin était urgent, et on n'avait pas le loisir de discuter des théories qui n'existaient encore pas et qui n'ont été formulées que longtemps après. Les grands travaux publics n'avaient pas encore pris l'énorme développement qu'ils ont atteint depuis. L'art de l'entrepreneur, qui entre maintenant pour une part notable dans le succès de l'ingénieur, était, lui aussi, dans l'enfance. Il fallait donc se résoudre à des procédés d'exécution très simples, ne nécessitant pas l'emploi d'un matériel spécial qu'il eût été impossible de se procurer et d'amener à pied-d'œuvre. Vicat donnait alors seulement la théorie des mortiers. Il ne fallait pas songer à faire venir la chaux du dehors, comme on le ferait maintenant, les usines de production n'existaient pas, et les transports eussent été trop coûteux, puisqu'il n'y avait pas encore de routes. On n'avait comme matière première pour la chaux, faite sur place, que les galets de calcaire argileux qui tapissaient le lit de l'oued. La chaux qu'ils donnaient était bonne, mais la quantité était très limitée.

Force était donc de s'en tenir à un ouvrage exigeant le minimum de maçonnerie et l'emploi des outils qu'on pouvait se procurer sur place et porter facilement dans une gorge perdue de l'Atlas, pioches, pelles, brouettes, tombereaux, bref à un barrage en terre.

L'idée était osée, et elle se heurta à bien des oppositions. Il était indéniable que de semblables ouvrages avaient déjà occasionné des catastrophes, mais il fallait remarquer que tous ces accidents étaient dus à ce que, pour une raison ou pour une autre, l'eau retenue avait passé par-dessus la digue ou l'avait perforée. Il suffirait donc, pour éviter ces dangers, de donner aux crues, par un déversoir convenable, un débouché tel qu'elles ne pussent jamais atteindre la crête du barrage, et de construire la digue, le remblai, avec assez de soin, en le faisant tasser à mesure de son exhaussement, pour qu'aucun vide ne s'y trouvât et que la perforation par l'eau ou par les animaux fût impossible.

Pour vaincre les objections et faire admettre le projet par la haute administration, il fallut construire en plâtre un plan en relief, à échelle réduite, de l'emplacement du futur barrage, y élever, avec de la terre, une digue, et faire fonctionner cet ouvrage en miniature avec de l'eau qu'on y amenait en plus ou moins grande quantité et brusquement, pour représenter les crues. L'expérience eut lieu dans la cour de l'hôtel occupé à Alger par le général du génie, et l'autorisation ne fut donnée qu'après cette expérience décisive, qui dura plusieurs jours.

Mais une fois l'autorisation obtenue, pour passer à l'exécution, il fallait de l'argent. Or, cet ouvrage n'avait pas été prévu au budget et aucun crédit ne pouvait lui être attribué. Mon père offrit alors d'avancer les premiers fonds, et mit à la disposition du Gouverneur général, sans intérêts, la dot de ma mère, qui était disponible par suite du décès récent de celle-ci. Cette avance fut acceptée et remboursée l'année suivante, sur les crédits régulièrement ouverts au budget.

La digue actuelle du barrage n'a environ que 20 mètres de hauteur et 15 mètres de retenue d'eau. Le cube emmagasiné est d'environ un million de mètres. Dans le projet primitif, la hauteur de digue devait être de 45 mètres, et le volume d'eau de plus de 6 millions de mètres. On pourra toujours reprendre ce projet quand on le jugera utile.

Ce barrage a commencé à fonctionner en 1854, si je ne me trompe. Voilà donc plus de cinquante ans qu'il rend des services, services bien faibles au début, mais de plus en plus appréciés à mesure que la population augmente comme nombre et que son aisance s'accroît, permettant d'utiliser l'eau à des cultures maraîchères rémunératrices et à diverses industries, en sus des besoins domestiques.

Pour reprendre le projet primitif d'exhaussement, il suffirait de prolonger à l'aval, d'une longueur suffisante, la galerie de chasses qui a été construite sans fondations, maçonnée simplement dans le lit de la rivière, comme une canalisation d'égout dans une rue, puis d'épaissir la digue aussi à l'aval par de nouveaux remblais et de l'élever ensuite progressivement. Il faudrait en même temps monter la cheminée, qui a fait fonction de déversoir pendant la construction, tant que la digue n'était pas arrivée à hauteur du déversoir latéral, et qui jouerait ce même rôle pendant les travaux nouveaux d'exhaussement. Cette cheminée permet en outre d'obtenir le tassement des remblais par l'eau, au fur et à mesure qu'ils montent. A cet effet, le sommet de la cheminée était progressivement élevé et maintenu à quelques mètres en dessous des remblais, et on faisait monter l'eau jusqu'à ce qu'elle se déversât dans l'intérieur de la cheminée. Le remblai récent, sous l'action de l'eau, se contractait et se tassait, et on procédait à un nouvel exhaussement du remblai pour recommencer la même manœuvre par couches successives de toute la longueur de la digue.

Le revêtement en maçonnerie du talus intérieur de la digue a été exécuté par le capitaine Denfert-Rochereau, le futur défenseur de Belfort. Il a pour but d'empêcher que le clapotis de l'eau, sous l'action des grands vents, ne fasse ébouler la terre de la digue et n'amène l'ouverture d'une brèche par laquelle l'eau passerait en amenant la rupture de l'ouvrage. Cet accident s'est produit, il y a peu d'années, aux Etats-Unis.

D'ailleurs, des exemples récents prouvent que les barrages en maçonnerie ne résistent pas beaucoup mieux que ceux en terre au déversement de l'eau par-dessus leur crête. D'autre part, l'obligation de choisir, pour fonder les barrages en maçonnerie, des terrains absolument incompressibles est une cause de difficultés qui restreint encore le choix des points, déjà trop rares, où ces ouvrages peuvent être utilement établis. Il faut que cette incompressibilité s'étende sur toute la longueur au moins des fondations, sans quoi, ou bien les terrains sous les fondations fuseront sous la pression de l'eau et laisseront la digue en l'air, comme un pont, ou bien ils s'affaisseront inégalement, provoquant la dislocation des maçonneries et la perte de l'ouvrage. On comprend dès lors les hésitations des ingénieurs pour arrêter le choix de l'emplacement d'un barrage en maçonnerie. Tandis que pour un barrage en terre, on n'a qu'à rechercher un point topographique convenable, une gorge resserrée au-dessous d'un épanouissement ou confluent de ravins formant patte d'oie, pour obtenir l'emmagasinement du plus grand volume d'eau possible avec une digue de longueur minimum.

La nature du terrain, sauf le sable, est absolument indifférente, puisque la plus grande partie de la digue, le talus amont, se trouve sous l'eau et sera d'autant plus comprimée, pressée sur le sol, que la hauteur de retenue d'eau sera plus forte. La digue de terre suivra les tassements du sol, s'il fléchit, sans se disloquer comme ferait de la maçonnerie. L'exemple du barrage de Meurad le prouve. La galerie de fuite a été construite sans fondations; dans le lit de la rivière, on a jeté le remblai de terre par-dessus, comme celui d'une route par-dessus un ponceau, et cela tient, bien que le sol sur lequel l'ouvrage est appuyé soit une couche de ces basaltes disloqués et fissurés qu'on exploite pour les empierrements des routes. La terre de la digue et les vases charriées par l'eau ont tout colmaté, tout calfaté.

Administration de la Colonie.

Revenons à l'administration de la colonie naissante, maintenant que nous la savons pourvue d'eau.

Les colons furent, à leur arrivée, logés tant bien que mal sous des tentes de campement, puis dans des baraques en bois qu'ils aidèrent à monter, et enfin dans des maisons, dites de colonie, à mesure de leur achèvement et dans l'ordre fixé par le sort. Les hommes valides étaient employés selon leurs aptitudes, les ouvriers d'art dans les ateliers de forge et de menuiserie ou aux maçonneries, les autres aux terrassements nécessités par l'installation du village, ouverture et nivellement des rues, etc., les plus lettrés et les plus intelligents formèrent les bureaux de la mairie improvisée, ceux de l'hôpital et ceux des travaux publics, où le travail était d'autant plus considérable que beaucoup de chantiers étaient ouverts simultanément pour répondre à des besoins divers, mais tous urgents. Ces travaux étaient payés aux colons, ce qui leur permettait de gagner quelque argent. Les routes, sur lesquelles on avait échelonné des bataillons, étaient tracées par le directeur et ouvertes par l'armée. C'est elle aussi qui fournissait les cadres de tous les chantiers urbains où les colons étaient employés, ainsi qu'un appoint de travailleurs pour ceux d'entre eux qui menaçaient de retarder la marche générale de l'installation.

Etat sanitaire.

Mais la fièvre paludéenne, dont on connaissait mal le traitement et encore moins l'origine, commença à éprouver durement ces nouveaux venus, qui ne prenaient aucune des précautions qui sont entrées depuis dans la pratique courante et que personne alors ne savait leur conseiller. Marengo eut bientôt une réputation d'insalubrité qui le rangea, dans les traités de médecine, immédiatement après Boufarik. On n'avait pu installer qu'une ambulance militaire assez sommaire, et tous les cas graves devaient être évacués sur Cherchell, à 28 kilomètres, ou sur Blida, à 40 kilomètres, sans routes, à dos de mulet ou sur des prolonges du train non suspendues. C'était la mort pour beaucoup.

Le choléra de 1849.

Puis, à l'été 1849, le choléra s'abattit sur la région, terrifiant cette population déjà si éprouvée et déprimée par le paludisme, menaçant de tout désorganiser en rendant presque impossibles les soins les plus urgents à donner aux malades.

Médecins, infirmiers sont débordés, épuisés de travail et tombent à leur tour. La situation devient tellement critique qu'on n'arrive pas toujours à former les corvées qui doivent porter les morts au cimetière et que le capitaine-directeur est obligé, pour remonter le courage de tous, de prendre plus d'une fois sur ses épaules les bras de la civière emportant un cercueil.

Création de l'Hôpital.

On ne pouvait rester dans cette situation. Devant cette détresse, devant l'affolement bien compréhensible de la population qui sentait le fléau s'abattre sur elle sans aucun moyen de le combattre, la haute administration, sur la proposition de mon père, fit un appel au courage et au dévouement des Sœurs de Charité, sûre que cet appel serait entendu, car le danger était grand. Un petit groupe de sœurs est aussitôt constitué à Alger et dirigé sur Marengo. Dès leur arrivée, la tente qui les abrite est dressée à côté de la baraque où sont réunis les malades les plus gravement atteints, auxquels des soins intelligents vont ainsi pouvoir être donnés, de nuit comme de jour. Bientôt, cette première baraque ne suffisant plus, on en monte une seconde, puis une troisième, puis d'autres, et l'infirmerie de Marengo, devenue plus tard l'hôpital, était créée.

Construction des Ecoles.

Mais les malades qui entraient à l'infirmerie laissaient souvent derrière eux des enfants à l'abandon, à la garde de voisins eux-mêmes parfois presque aussi malades. Force fut donc de recueillir à l'infirmerie ces enfants en même temps que leurs parents et, pour éviter la contagion, de les séparer dans une garderie. Cette garderie devint très vite une salle d'asile et une école de filles, et voilà pourquoi, à Marengo, l'asile et l'école des filles sont construits près de l'hôpital, ce qui semble, à première vue, un voisinage peu rationnel.

Voilà aussi dans quelles circonstances les Sœurs de Charité ont été appelées à Marengo et pourquoi elles y sont venues; elles ont marché au danger.

Dotation immobilière de l'Hôpital.

L'infirmerie créée, mon père songea à assurer son existence en lui donnant des ressources propres en sus des allocations budgétaires toujours aléatoires. S'inspirant de ce qu'il se souvenait avoir vu en

Lorraine, où les hôpitaux possédaient des immeubles productifs de revenus souvent importants, il parvint à faire attribuer à cette infirmerie une concession qui comprenait de grands jardins permettant d'avoir sur place les légumes frais nécessaires aux malades et qu'on ne pouvait pas se procurer, la culture maraîchère n'existant pas encore dans le village, et une propriété rurale d'une centaine d'hectares dans la plaine des Hadjoutes, connue encore sous le nom de ferme de l'Hôpital, et dont les loyers figurent en recette à son budget.

Forêt communale.

En même temps que le directeur de la colonie songeait à doter l'Hôpital, dans la mesure du possible, de revenus certains, il pensait aussi aux besoins de la future commune qu'il était en train de fonder. Il parvint à lui faire constituer un domaine forestier, après une lutte ardente contre l'administration forestière elle-même, qui revendiquait pour elle la forêt de « Sidi Slimane », et à faire attribuer cette forêt comme forêt communale. C'était encore une imitation des dotations forestières des communes de la Lorraine, et c'est, je crois, un des rares exemples d'un bois communal en Algérie. Au début, cette forêt ne rapportait presque rien, et c'est peut-être un peu pour cela que les forestiers finirent pas céder. Mais, maintenant, elle donne des revenus fort appréciables qui ne pourront qu'augmenter dans l'avenir. Que n'a-t-on sauvé de même les magnifiques peuplements de chênes-lièges qui à cette époque couvraient le Sahel, entre Koléa et le Tombeau de la Chrétienne? Tout a disparu, et quels beaux revenus ils donneraient maintenant!

Marais. — Dessèchements.

En 1848, l'emplacement de Marengo était entouré de marais, à l'ouest, au nord et à l'est. Le ravin actuel de l'Abattoir et celui des fermes Sauveton étaient obstrués par des fouillis de ronces et de détritus qui y formaient des fondrières et des flaques d'eau stagnantes. L'Oued Mereirou s'épandait à chaque orage dans toute la plaine de Slimane, où des joncs et des épines arrêtaient toutes les vases qu'il charriait. La forêt ne devait son existence qu'aux marais qui l'avaient défendue contre le fléau des incendies. Quant au lac Halloula, chaque hiver il couvrait tout le fond de la plaine, jusqu'aux fermes actuelles Poignant, Branthome et Germain.

On s'attaque de suite aux points les plus rapprochés. Les ravins de l'Abattoir et des fermes Sauveton sont débroussaillés, curés et rectifiés autant que leur faible pente le permet, et les eaux ont un écoulement. La forêt est défendue contre l'arrivée des eaux d'amont, du sud, par un large fossé creusé sur sa limite, qu'il fixe et qui jette les eaux d'un côté dans l'O. Meurad et de l'autre dans le bou Ardoune. Le sol est ensuite assaini par l'ouverture d'une grande tranchée qui sera la route de Typaza. On creuse de chaque côté du tracé un énorme fossé dont les terres, rejetées sur la chaussée, permettent de la surélever et drainent en même temps le terrain. Ces dispositions sont encore très visibles sur la route actuelle.

Enfin, pour empêcher les eaux de l'O. Mereirou de divaguer dans la plaine de Slimane et de la transformer en marécage, le capitaine de Malglaive détourne ce cours d'eau et profite de la pente générale considérable du terrain pour le jeter dans une autre vallée, celle de l'O. Meurad..C'est la dérivation, devenue maintenant un ravin profond, qui part d'un barrage construit près de la ferme Caccace, traverse les terres Rance, passe sous le pont Saint-Hilaire et tombe dans l'O. Meurad près du passage du sentier arabe.

Comblement du lac Halloula.

La facilité avec laquelle cette dérivation, qui n'était au début qu'un simple fossé, s'était creusée sous l'action des crues, au point de devenir un ravin presque infranchissable, fit naître le projet de combler et de dessécher le lac Halloula. Pour cela, mon père projetait d'y dériver l'O. Bourkika et l'O. Djer qui y porteraient les terres arrachées aux montagnes par les pluies de chaque hiver et les y laisseraient déposer ; puis l'eau elle-même de ces crues, convenablement dirigée, se chargerait de creuser seule le canal d'évacuation, l'exutoire du lac, qu'il suffirait d'amorcer par un fossé ouvert au point le plus bas, à l'emplacement du canal de desséchement actuel.

Comme essai, il détourne la Bourkika et la jette dans le lac. A cette époque (1853-1855), la plaine était inhabitée, rien ne gênait pour l'exécution de ces grands travaux et la haute administration, habituée à la réussite de tous ceux que mon père commençait, y compris le barrage si discuté de Meurad, le laissait absolument libre d'employer les crédits, d'ailleurs fort limités, au mieux de ce qu'il pensait devoir entreprendre d'utile.

Ce qui avait été prévu se produisit : le torrent, en arrivant dans le lac, s'arrête, laisse déposer les graviers, les sables qu'il charriait. C'est le colmatage de la cuvette qui commence, le fond s'exhausse et la pente générale, si nécessaire pour le desséchement, augmente d'autant. Mais ces crues qui arrivent ainsi par grandes masses font monter le plan d'eau, elles cherchent une issue et trouvent la rigole d'évacuation qui leur a été préparée. Elles s'y engouffrent et commencent sur le fond et sur les berges de ce fossé le travail d'érosion qui devait

donner, en peu d'années, à cet exutoire la section convenable, sans que la main de l'homme eût à intervenir, si ce n'est pour faire glisser les arbres déracinés et les paquets d'herbes mortes qui s'y arrêtaient et qui risquaient de l'obstruer. Non seulement on n'était pas obligé de creuser le canal à la pioche, comme maintenant, mais il s'approfondissait tout seul.

Le résultat des premières campagnes fut si bon que, en 1855, à la suite d'une visite faite sur les lieux par le Gouverneur général, l'autorisation de dériver l'O. Djer était donnée. La rapidité du colmatage allait être triplée, lorsque le service fut remis à l'administration civile, aux Ponts et Chaussées. Soit rivalités d'administrations différentes, soit jalousies personnelles, le système de desséchement automatique, si bien commencé par un officier du génie, fut abandonné. On donna comme prétexte à cet abandon que les apports graveleux des rivières nuiraient à la qualité des terres du lac, comme si les plus belles terres de la plaine, les environs de Blida, de Rovigo, de l'Arba, ne sont pas constituées par des glissements de l'Atlas. L'Oued Djer ne fut pas dérivé, la Bourkika fut remise dans son ancien lit, les Ponts et Chaussées, les Mines firent projets sur projets pour ce desséchement, dépensèrent et dépensent encore des sommes considérables, envoyèrent aux hôpitaux et aux cimetières pas mal de pauvres diables d'ouvriers et y en enverront encore beaucoup, mais le lac Halloula est toujours là.

Travaux de routes.

Nommé le 2 juillet 1852 directeur de la circonscription administrative de Marengo, de Bourkika et de Zurich, le capitaine de Malglaive eut à poursuivre la construction du réseau des routes qui desservaient cette circonscription et la relier à Blida, à Cherchell, à Typaza et à Miliana. Il trace dans la brousse, en se faisant souvent aider par les officiers des troupes mises à sa disposition, que son ardeur entraîne, et il ouvre ces routes avec les bataillons ou les ateliers de discipline qu'on échelonne sur les tracés. Là encore, son initiative en fait de solutions originales, et cependant rationnelles dans les questions de travaux, trouve à s'exercer. Il propose de raccourcir le tracé de la route de Miliana en remplaçant les lacets et le grand détour qu'elle forme entre le Camp des Guêtres et le Ravin des Voleurs par un tunnel de quelques centaines de mètres foncé directement entre ces deux points. Cette idée, appliquée depuis bien souvent dans les travaux de routes, parut à cette époque une véritable folie, et il fut invité impérativement à maintenir cette route à flanc du coteau, là où elle est encore.

Le pont sur l'Oued Meurad, à l'extrémité de l'avenue de Marengo vers Cherchell, fut construit à côté de la rivière. Le cours d'eau formait en ce point une boucle très prononcée dont l'isthme était tourné vers Marengo. Le pont fut construit à sec au milieu de cet isthme, la terre fut excavée à l'emplacement des culées, ainsi que pour former le cintre sur lequel s'appuyait la voûte en construction, sans charpente de bois. La maçonnerie finie, on ouvrit une tranchée selon le cours rectifié de la rivière pour supprimer la boucle, tranchée passant sous le pont. Les terres formèrent les remblais de la route pour combler l'ancien lit qu'on supprimait, et la rivière vint couler dans le nouveau débouché qu'on lui avait ouvert.

Félicitations officielles du Ministre de la Guerre notifiées par le Gouvernement général. Secrétariat général le 28 juin 1850, 2ᵉ Bureau, n° 3596, et le 2 août 1851, n° 3962. — *Akbar* du 25 juin 1850. — *Assemblée Nationale* du 6 juillet 1851. — *Journal des Débats* du 11 avril 1852. — *Moniteur de l'Algérie* du 10 juillet 1855, etc.

Campagne de Kabylie de 1857.

Le dernier travail de mon père en Algérie fut le tracé et l'ouverture, comme commandant du génie de la division Yusuf, de la route qui mène de Tizi-Ouzou à Fort-Napoléon, aujourd'hui Fort-National, en même temps que les colonnes d'attaque gravissaient, en combattant, les pentes du Djurdjura. Grâce à l'entrain des troupes réparties le long du tracé aussitôt le dernier coup de fusil tiré, cette route fut ouverte en moins de deux semaines, et les prolonges d'artillerie et du train, couronnées de branchages et de drapeaux, arrivaient sur le plateau où le fort allait être construit quatorze jours après les assauts qui nous en avaient rendus les maîtres et aux applaudissements de toute l'armée, qui sentait que par ce travail la Grande Kabylie était définitivement domptée.

Dans la Retraite.

En 1858, le commandant de Malglaive demandait sa retraite, sans cesser cependant de s'intéresser à l'Algérie. Nommé membre du Conseil général d'Alger, il y siégea de 1863 à 1870 et s'y spécialisa dans les questions de travaux publics, alors déjà fort nombreuses, tout en luttant à chaque occasion contre les tendances arabophiles et anticolonisatrices de certains hauts administrateurs de l'époque. C'est dans cette période, en 1865, que parut la fameuse « Lettre sur la politique de la France en Algérie, adressée par l'Empereur au maréchal de Mac-Mahon ». Elle provoqua des discussions ardentes et des

polémiques sans fin entre les partisans du régime civil et ceux du régime militaire. Mon père prit nettement, quoique respectueusement, position contre les idées de l'Empereur, mais en même temps contre les adeptes de l'assimilation quand même et immédiate. Il démontrait que là où il n'y avait pas de civils le régime civil était une utopie et un danger. Qu'il fallait avant tout peupler le pays, amener des colons, et que ce ne serait qu'après le peuplement qu'on pourrait songer au régime civil. Que pour faire, aux moindres frais possibles, les travaux d'aménagement nécessaires pour l'installation d'une nouvelle couche de colons, le mieux était de continuer à utiliser le travail de l'armée, comme on l'avait fait en 1848, vingt ans auparavant; et il donnait Marengo comme exemple de ce qu'on pouvait obtenir des soldats convenablement dirigés.

En relisant les journaux et les brochures de cette époque, on est tout étonné de voir critiquer âprement, par des hommes éminents cependant, certaines idées qui actuellement sont entrées dans la pratique journalière de la politique coloniale.

Nonobstant cette opposition, le commandant de Malglaive est nommé, en 1866, membre du « Comité central de souscriptions au profit des victimes de l'invasion des sauterelles », réuni à Paris, sur l'initiative de l'Empereur, sous la présidence du maréchal Canrobert. En 1867, il fait partie de la « Commission de répartition des fonds de secours aux victimes du tremblement de terre ». Dès cette époque, il eut une correspondance avec le maréchal de Mac-Mahon pour attirer son attention, à propos d'un voyage d'études de M. Talabot, sur la nécessité d'organiser le crédit aux colons par l'implantation en Algérie de sociétés financières puissantes, pouvant disposer de capitaux abondants et les mettre à la disposition de la colonie à un taux moins élevé que celui alors forcément en usage.

En 1870, au premier appel du Gouvernement de la Défense nationale, laissant en arrière, dans la Lorraine envahie, sa femme et son jeune fils, il accourait reprendre du service et contribuait à mettre Langres en état de défense.

En 1871, il est nommé membre de la « Commission d'examen des demandes de concessions d'Alsaciens-Lorrains », qui siégeait à Nancy.

Enfin jusqu'à sa mort il combattit, à la Société Centrale d'Agriculture de Meurthe-et-Moselle, pour la défense des intérêts agricoles menacés par les théories libre-échangistes. Devinant, dès cette époque, la concurrence que les continents nouveaux, sans aucune charge militaire, l'Australie et les deux Amériques, allaient faire au vieux monde, il demandait que des tarifs douaniers compensateurs, équivalents aux dépenses de guerre ou de paix armée imposées par les circonstances aux peuples de l'Europe, rétablissent l'équilibre entre les producteurs des deux mondes. Il démontrait que la théorie de « la vie à bon marché pour tous et quand même », chère aux libre-échangistes et aux socialistes, menait droit à la ruine commune. Qu'en tuant l'agriculture française, elle enlevait en même temps à notre industrie son acheteur principal, la masse des cultivateurs de la terre, et qu'une fois l'industrie ainsi ruinée par contre-coup, le gagne-pain des ouvriers des villes disparaissait en même temps. Qu'importerait alors que ce pain fût plus ou moins bon marché, si on n'avait plus rien pour l'acheter !

Note sur l'achèvement du barrage de Marengo.

Si on reprenait jamais le projet de surélever le barrage de Marengo et de monter la digue à la hauteur de 45 mètres prévue par l'auteur du projet primitif, il faudrait, avant tout autre travail, rechercher par des sondages une lentille de pierrailles qui existe dans le remblai, à hauteur du déversoir, entre ce déversoir et l'aplomb de la galerie de chasses. Ces pierrailles, quoique recouvertes de terre, ont créé une couche perméable qui se manifeste par des suintements à la partie supérieure de la digue lorsque, dans les fortes crues, le niveau de l'eau retenue dépasse le radier du déversoir. Il faudrait donc découvrir cette pierraille, l'enlever et la remplacer par de la terre franche.

Ces suintements, qui ne se produisent qu'à la partie supérieure de la digue et alors seulement que le déversoir fonctionne dans les grandes crues, ne sont donc pas dus à la pression, mais à une infiltration qui se manifeste à ce niveau élevé, et qu'il serait imprudent de ne pas détruire avant de pousser le travail, bien que, actuellement, ils ne compromettent en rien la solidité de l'ouvrage.

C'est en 1857, alors que le commandant de Malglaive se trouvait en Kabylie comme commandant du génie de la division Yusuf, qu'un intérimaire, envoyé à Blida comme chef du génie, fit employer, pour mener le travail plus rondement, les pierrailles qui encombraient le chantier des déblais ayant fourni la digue, sans se rendre compte de l'importance qu'il y avait à n'employer que de la terre franche pour cette digue, et que ces pierrailles avaient été précisément soigneusement extraites et triées pour ne pas être employées dans les remblais.

M. DE M.

VERSAILLES — IMP. AUBERT, 6, AVENUE DE SCEAUX

www.ingramcontent.com/pod-product-compliance
Lightning Source LLC
Chambersburg PA
CBHW070754280326
41934CB00011B/2919